Impressum
Verlag: BABADADA GmbH, Nedderfeld 112 , 22529 Hamburg
Geschäftsführer / Verlagsleitung: Harald Hof
Druck: Books on Demand GmbH, In de Tarpen 42, 22848 Norderstedt

Imprint
Publisher: BABADADA GmbH, Nedderfeld 112 , 22529 Hamburg, Germany
Managing Director / Publishing direction: Harald Hof
Print: Books on Demand GmbH, In de Tarpen 42, 22848 Norderstedt, Germany

učionica
klasseværelse

dijeliti
dividere

186/2

tabla
tavle

školsko dvorište
skolegård

učitelj, nastavnik
lærer

papir
papir

pisati
skrive

olovka
pen

pisaći sto
skrivebord

lenjir
lineal

knjiga
bog

učenik
elev

torba
skoletaske

pernica
penalhus

drvena olovka
blyant

šiljalo za olovke
blyantspidser

gumica
viskelæder

blok za crtanje
tegneblok

crtež
....
tegning

kist
....
pensel

kutija s bojama
....
æske med vandfarver

makaze
....
saks

ljepilo
....
lim

vježbanka
....
opgavehefte

domaća zadaća
....
lektie

12

broj
....
tal

2+2

sabirati
....
addere

5-2

oduzimati
....
subtrahere

2×2

množiti
....
multiplicere

računati
....
regne

A

slovo
....
bogstav

ABCDEFG HIJKLMN OPQRSTU VWXYZ

abeceda
....
alfabet

hello

riječ
....
ord

tekst
tekst

čitati
læse

kreda
kridt

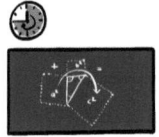

sat
time

školski dnevnik
klasseprotokol

ispit
eksamen

svjedočanstvo
karakterbog

školska uniforma
skoleuniform

izobrazba
uddannelse

leksikon
leksikon

univerzitet
universitet

mikroskop
mikroskop

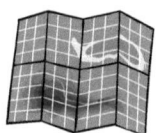

karta
kort

korpa za papir
papirkurv

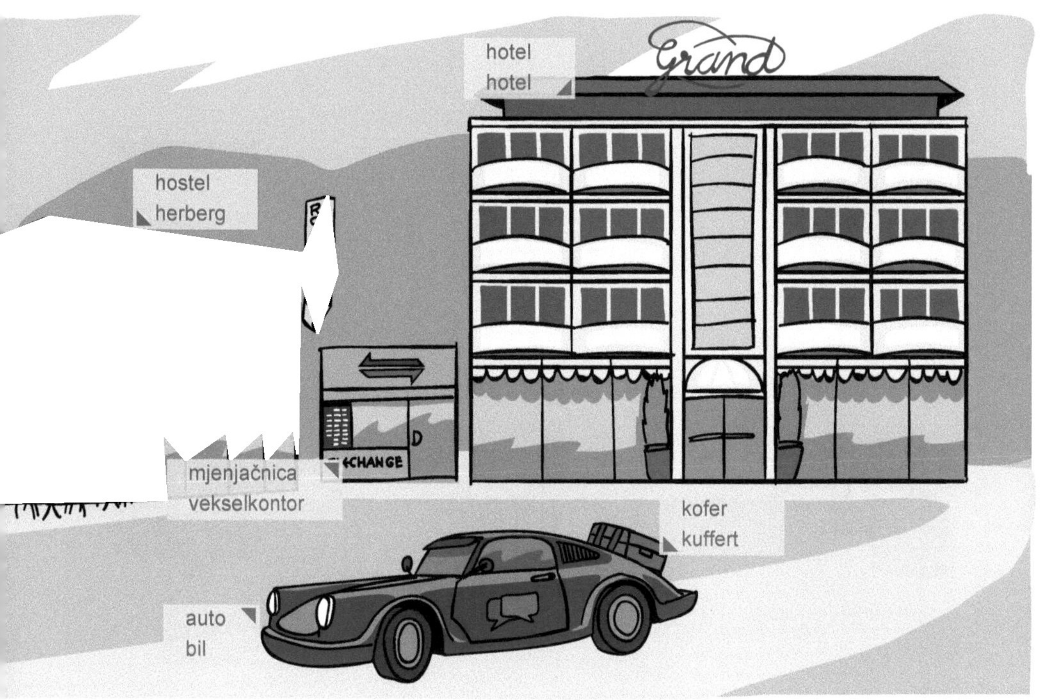

hotel
hotel
Grand
hostel
herberg
EXCHANGE
mjenjačnica
vekselkontor
kofer
kuffert
auto
bil

jezik

sprog

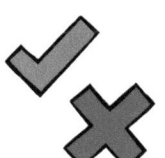

da / ne

ja / nej

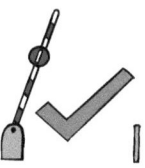

okej

okay

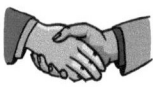

zdravo

hej

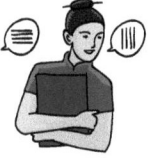

tumač

oversætter

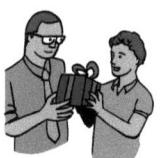

hvala

tak

Koliko košta...?

hvad koster...?

Ne razumijem

Jeg forstår ikke

problem

problem

dobro veče!

God aften!

Dobro jutro!

God morgen!

Laku noć!

God nat!

doviđenja

farvel

smjer

retning

prtljag

bagage

torba

taske

ruksak

rygsæk

gost

gæst

soba

værelse

vreća za spavanje

sovepose

šator

telt

turističke informacije

turistinformation

plaža

strand

kreditna kartica

kreditkort

doručak

morgenmad

ručak

middagsmad

večera

aftensmad

putna karta

billet

lift

elevator

poštanska markica

frimærke

granica

grænse

carina

told

ambasada

ambassade

viza

visum

pasoš

pas

transport

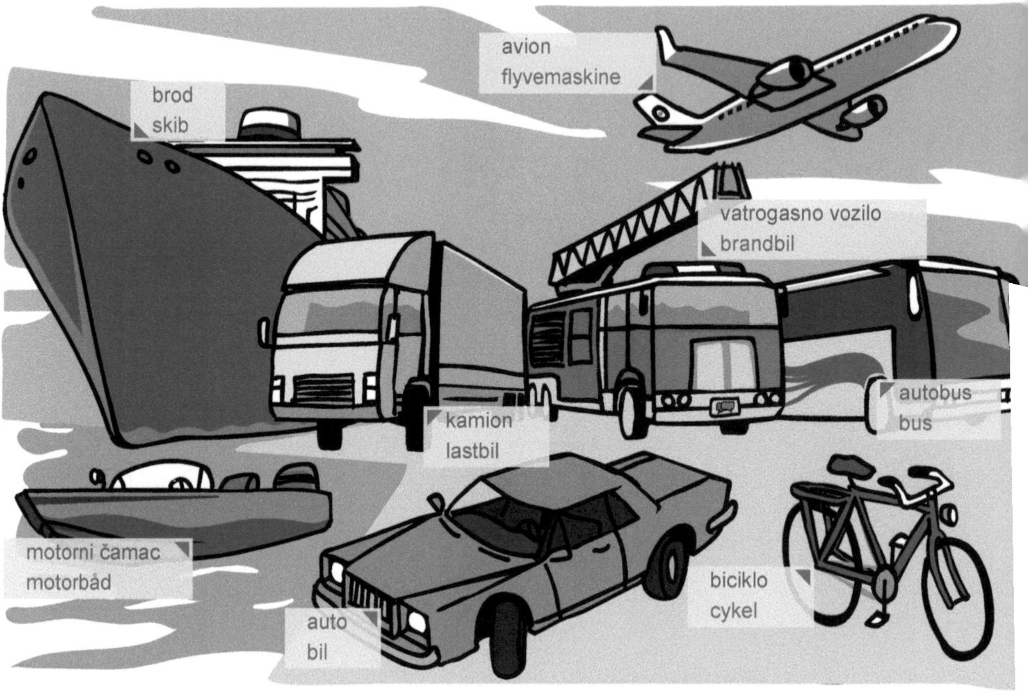
avion
flyvemaskine
brod
skib
vatrogasno vozilo
brandbil
autobus
bus
kamion
lastbil
motorni čamac
motorbåd
biciklo
cykel
auto
bil

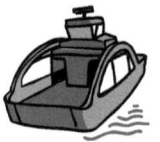

trajekt
....
færge

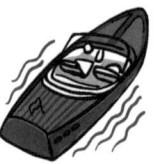

brod
....
båd

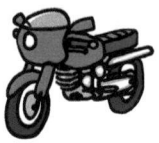

motocikl
....
motorcykel

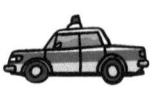

policijski automobil
....
politibil

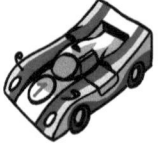

trkaći automobil
....
racerbil

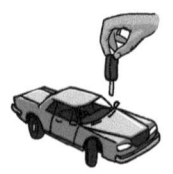

unajmljeni automobil
....
lejebil

kar-šering

samkørsel

pauk

kranbil

smećarsko vozilo

skraldebil

motor

motor

gorivo

benzin

benzinska pumpa

tankstation

saobraćajni znak

trafikskilt

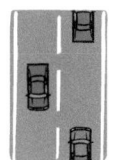

saobraćaj

trafik

zastoj

trafikprop

parking

parkeringsplads

željeznička stanica

banegård

šine

skinner

voz

tog

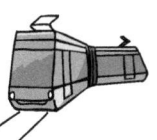

tramvaj

sporvogn

vagon

wagon

helikopter
helikopter

aerodrom
lufthavn

toranj
tårn

putnik
passager

kontejner
container

karton
karton

tačke
kærre

korpa
kurv

poletjeti / sletjeti
starte / lande

by

selo
landsby

centar grada
bymidte

kuća
hus

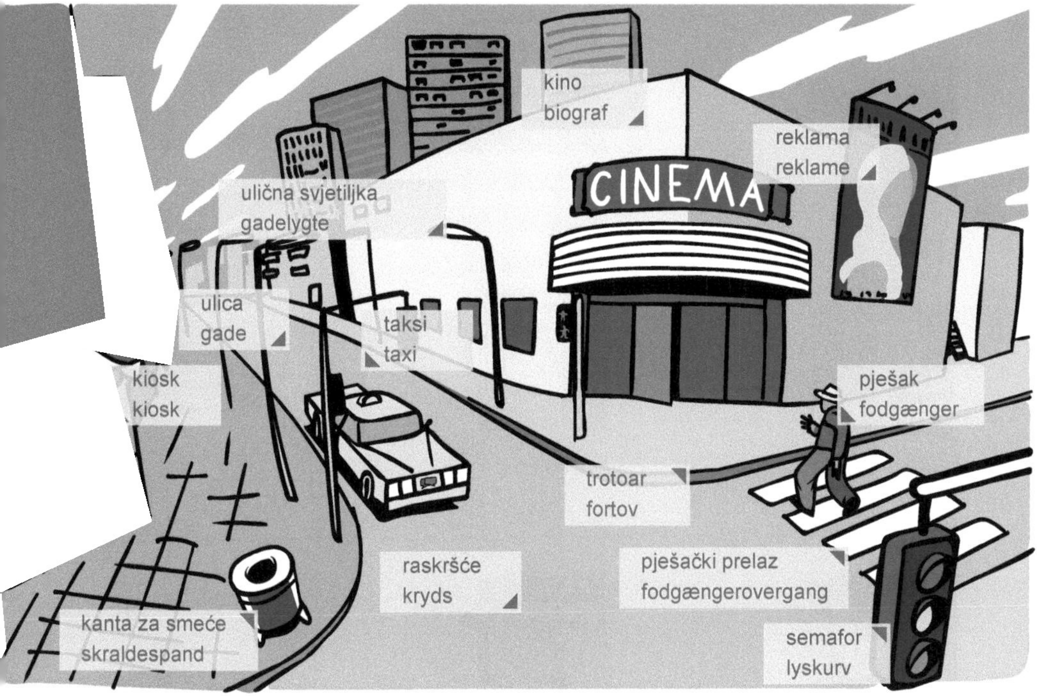

kino
biograf

reklama
reklame

ulična svjetiljka
gadelygte

CINEMA

ulica
gade

taksi
taxi

kiosk
kiosk

pješak
fodgænger

trotoar
fortov

raskršće
kryds

pješački prelaz
fodgængerovergang

kanta za smeće
skraldespand

semafor
lyskurv

koliba
hytte

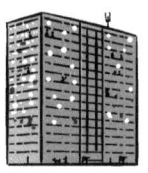

stan
lejlighed

željeznička stanica
banegård

vjećnica
rådhus

muzej
museum

škola
skole

univerzitet

universitet

banka

bank

bolnica

sygehus

hotel

hotel

apoteka

apotek

ured

kontor

knjižara

boghandel

radnja

butik

cvjećara

blomsterbutik

supermarket

supermarked

pijaca

marked

robna kuća

stormagasin

prodavač ribe

fiskehandler

trgovački centar

butikscenter

luka

havn

park
park

klupa
bænk

most
bro

stepenice
trappe

podzemna željeznica
undergrundsbane

tunel
tunnel

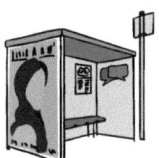

autobuska stanica
busstoppested

bar
barnevogn

restoran
restaurant

poštanski sandučić
postkasse

saobraćajni znak
vejskilt

sat za naplatu parkinga
parkometer

zoološki vrt
zoo

bazen
badeanstalt

džamija
moske

seosko imanje
bondegård

zagađenje okoline
miljøforurening

groblje
kirkegård

crkva
kirke

igralište
legeplads

hram
tempel

landskab

list
blad

putokaz
vejviser

putokaz
vej

livada
eng

kamen
sten

drvo
træ

putnik
vandrer

rijeka
flod

trava
græs

cvijet
blomst

dolina	brdo	jezero
dal	bjerg	sø
	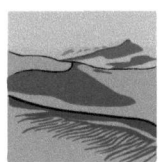	
šuma	pustinja	vulkan
skov	ørken	vulkan

dvorac	duga	gljiva
slot	regnbue	svamp

palma	komarac	muha
palme	moskito	flue

mrav	pčela	pauk
myre	bi	edderkop

buba
bille

žaba
frø

vjeverica
egern

jež
pindsvin

zec
hare

sova
ugle

ptica
fugl

labud
svane

divlja svinja
vildsvin

jelen
hjort

los
elg

brana
dæmning

vjetrenjača
vindmølle

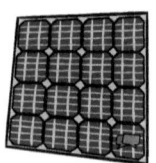

solarni modul
solcellemodul

klima
klima

restaurant

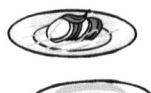

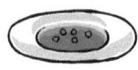

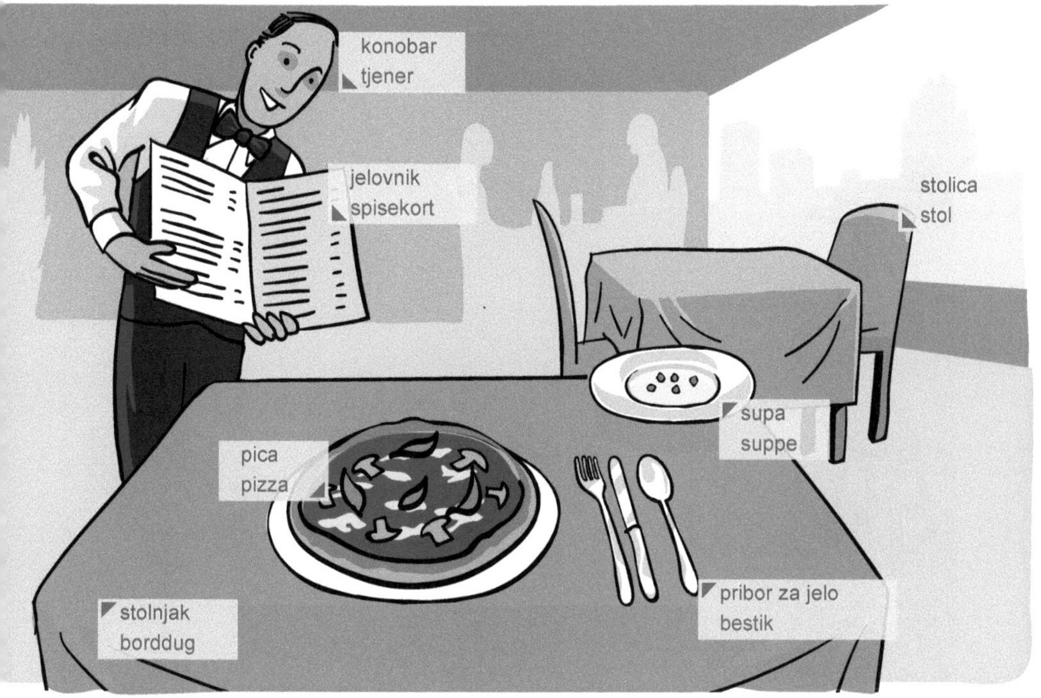
konobar
tjener
jelovnik
spisekort
stolica
stol
supa
suppe
pica
pizza
pribor za jelo
bestik
stolnjak
borddug

predjelo

forret

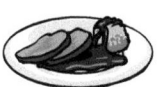

glavno jelo

hovedret

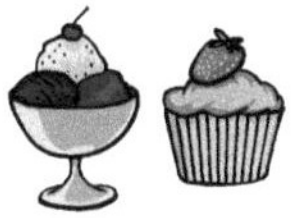

desert

dessert

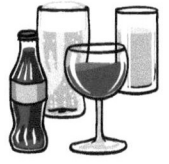

piće

drikkevarer

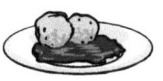

jelo

mad

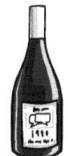

flaša

flaske

brza hrana

fastfood

jelo sa ulice

streetfood

čajnik

tekande

šećernica

sukkerdåse

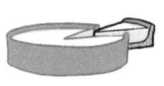

porcija

portion

mašina za espreso

espressomaskine

barska stolica

barnestol

račun

faktura

tacna

tablet

nož

kniv

viljuška

gaffel

kašika

ske

kašičica

teske

salveta

serviet

čaša

glas

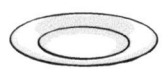

tanjir

tallerken

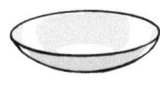

tanjir za supu

dyb tallerken

tanjurić

underkop

sos

sovs

solanik

saltbøsse

mlin za biber

peberkværn

sirće

eddike

ulje

olie

začini

krydderier

kečap

ketchup

senf

sennep

majoneza

mayonnaise

supermarked

ponuda
tilbud
klijent
kunde
mliječni proizvodi
mælkeprodukter
voće
frugt
kolica za kupovinu
indkøbsvogn

BUTCHERS

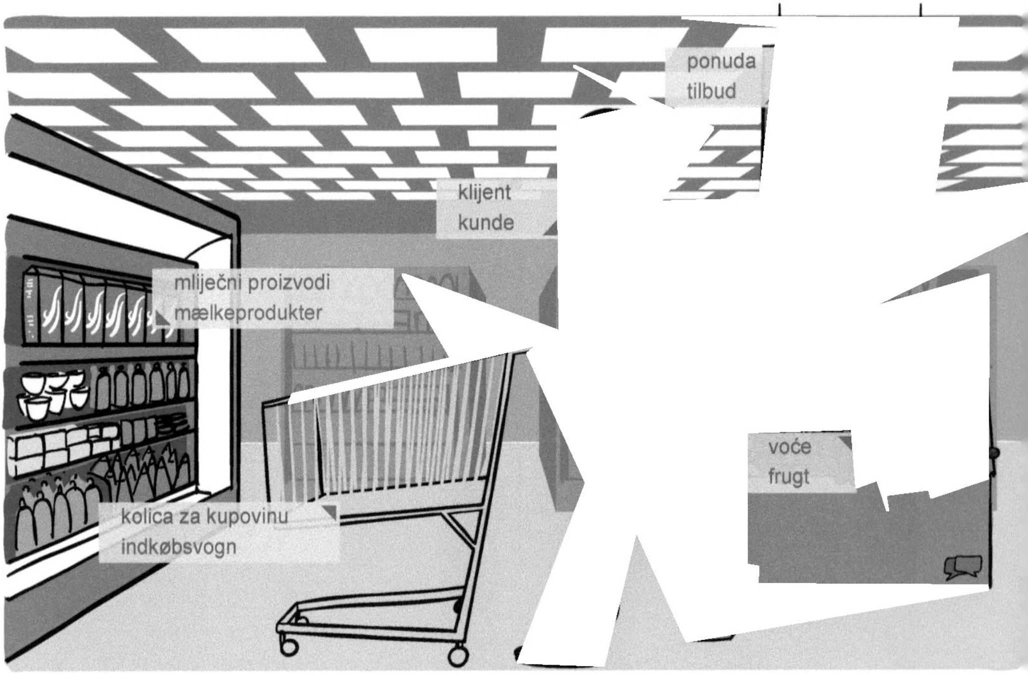

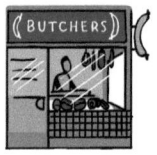

mesnica- klaonica

slagter

BAKERY

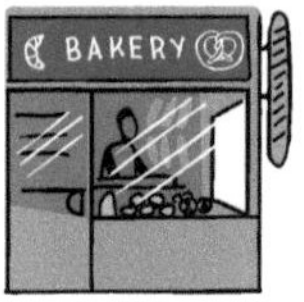

pekara

bageri

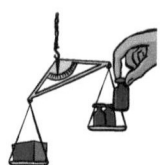

vagati

veje

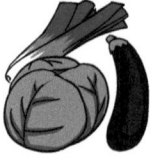

povrće

grøntsager

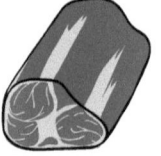

meso

kød

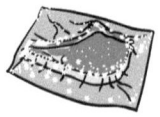

zaleđena hrana

frostvarer

narezak

pålæg

konzerve

konserves

prašak za veš

vaskemiddel

slatkiši

slik

kućanski proizvodi

husholdningsvarer

sredstvo za čišćenje

rengøringsmidler

prodavačica

ekspedient

kasa

kasse

blagajnik

kasserer

lista za kupovinu

indkøbsliste

radno vrijeme

åbningstider

novčanik

tegnebog

kreditna kartica

kreditkort

torba

taske

najlonska vrećica

plasticpose

voda
vand

sok
saft

mlijeko
mælk

kola
cola

vino
vin

pivo
øl

alkohol
alkohol

kakao
kakao

čaj
te

kafa
kaffe

espreso
espresso

kapućino
cappuccino

banana

banan

jabuka

æble

narandža

appelsin

lubenica

melon

limun

citron

mrkva

gulerod

bijeli luk

hvidløg

bambus

bambus

crveni luk

løg

gljiva

svamp

orašasti plodovi

nødder

pasta

nudler

špagete
spaghetti

riža
ris

salata
salat

pomfrit
pomfritter

pečeni krompir
stegte kartofler

pica
pizza

hamburger
hamburger

sendvič
sandwich

šnicla
schnitzel

šunka
skinke

kobasica
salami

kobasica
pølse

kokoš
kylling

pečenje
steg

riba
fisk

zobene pahuljice

havregryn

muzli

mysli

kornfleks

cornflakes

brašno

mel

kroason

croissant

zemičke

rundstykke

kruh

brød

tost

toast

keksi

kiks

maslac

smør

svježi sir

kvark

kolač

kage

jaje

æg

jaje na oko

spejlæg

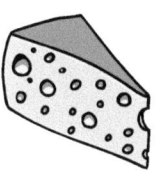

sir

ost

sladoled

is

šećer

sukker

med

honning

marmelada

marmelade

nugat krema

nougat-creme

kuri

karry

seoska kuća
bondehus

sjenik
skur

bale sjena
halmballer

polje
mark

konj
hest

prikolica
anhænger

traktor
traktor

ždrijebe
føl

magarac
æsel

ovca
får

jagnje
lam

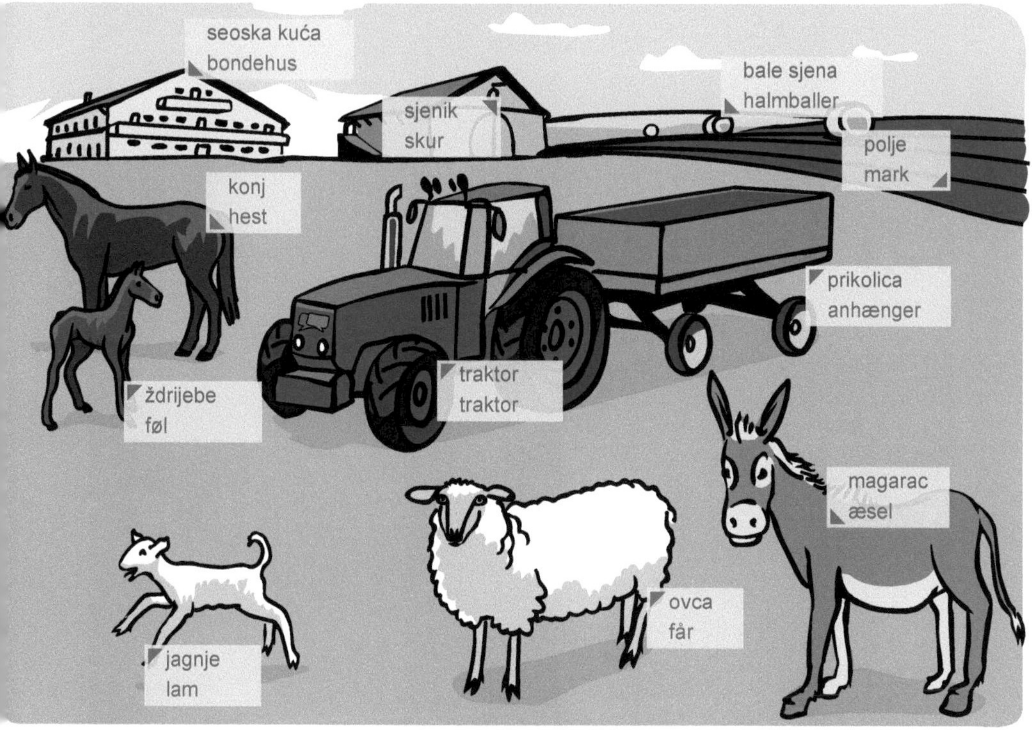

koza
ged

krava
ko

tele
kalv

svinja
svin

prase
gris

bik
tyr

seosko imanje - bondegård

guska
gås

patka
and

pile
kylling

kokoška
høne

pjetao
hane

pacov
rotte

mačka
kat

miš
mus

vol
okse

pas
hund

pseća kućica
hundehus

crijevo za baštu
haveslange

kanta za zalijevanje
vandkande

kosa
le

plug
plov

srp

segl

motika

hakkejern

vile

møggreb

sjekira

økse

tačke

trillebør

korito

trug

bokal za mlijeko

mælkekande

vreća

sæk

ograda

hæk

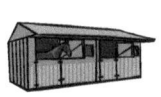

štala

stald

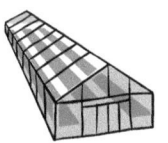

staklenik

drivhus

tlo

jord

sjeme

frø

đubrivo

gødning

kombajn

mejetærsker

kositi
....
høste

žetva
....
høst

jam korijen
....
yams

pšenica
....
hvede

soja
....
soja

krompir
....
kartoffel

kukuruz
....
majs

uljana repica
....
raps

drvo voća
....
frugttræ

manioka
....
maniok

žito
....
korn

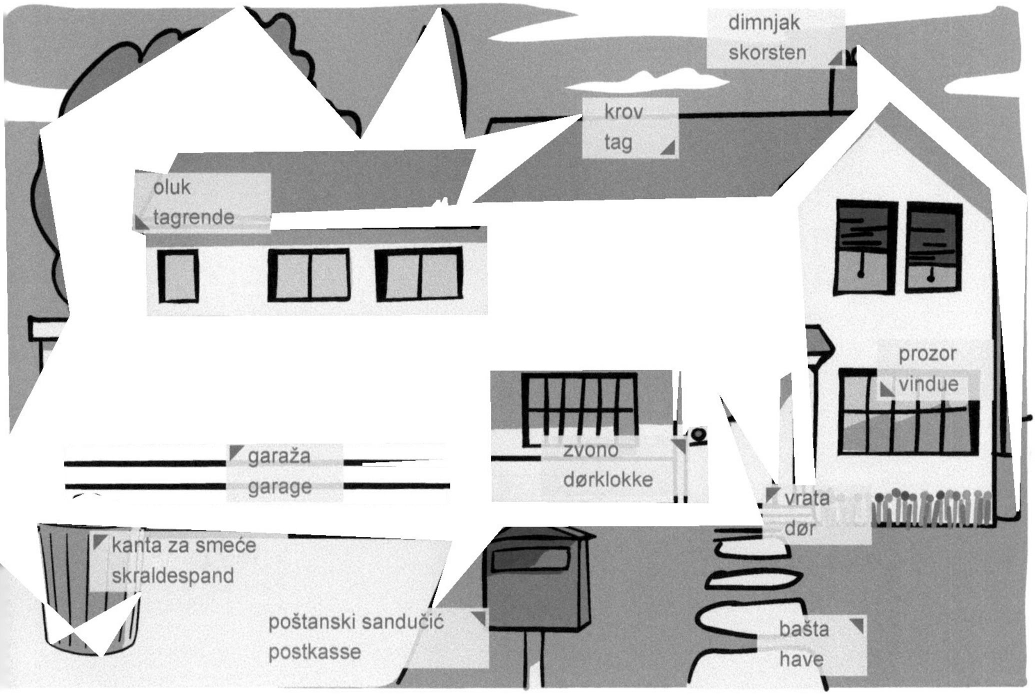

dimnjak
skorsten

krov
tag

oluk
tagrende

prozor
vindue

garaža
garage

zvono
dørklokke

vrata
dør

kanta za smeće
skraldespand

poštanski sandučić
postkasse

bašta
have

dnevni boravak

stue

kupatilo

badeværelse

kuhinja

køkken

spavaća soba

soveværelse

dječija soba

børneværelse

trpezarija

spisestue

kuća - hus

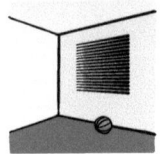

pod, tlo

gulv

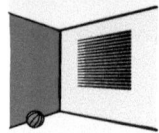

zid

væg

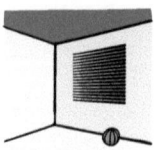

plafon

loft

podrum

kælder

sauna

sauna

balkon

altan

terasa

terrasse

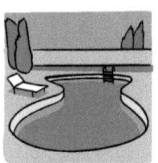

bazen

svømmehal

kosilica

plæneklipper

posteljina

dynebetræk

pokrivač

dyne

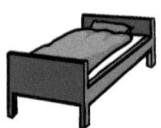

krevet

seng

metla

kost

kanta

spand

prekidač

kontakt

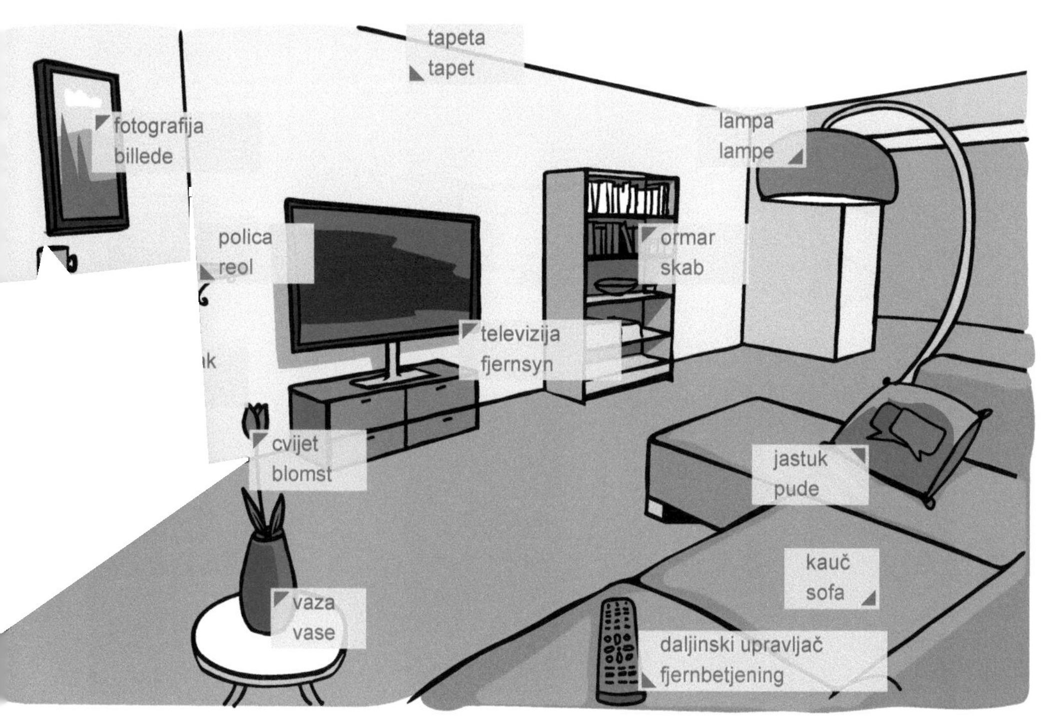

tapeta
tapet

fotografija
billede

lampa
lampe

polica
reol

ormar
skab

televizija
fjernsyn

cvijet
blomst

jastuk
pude

kauč
sofa

vaza
vase

daljinski upravljač
fjernbetjening

tepih
gulvtæppe

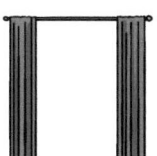

zavjesa
gardin

stol
bord

stolica
stol

stolica za ljuljanje
gyngestol

fotelja
lænestol

dnevni boravak - stue

knjiga

bog

deka

tæppe

dekoracija

dekoration

ložno drvo

brænde

film

film

stereo uređaj

stereoanlæg

ključ

nøgle

novine

avis

umjetnička slika

maleri

poster

plakat

radio

radio

blok za bilješke

notesblok

usisavač

støvsuger

kaktus

kaktus

svijeća

lys

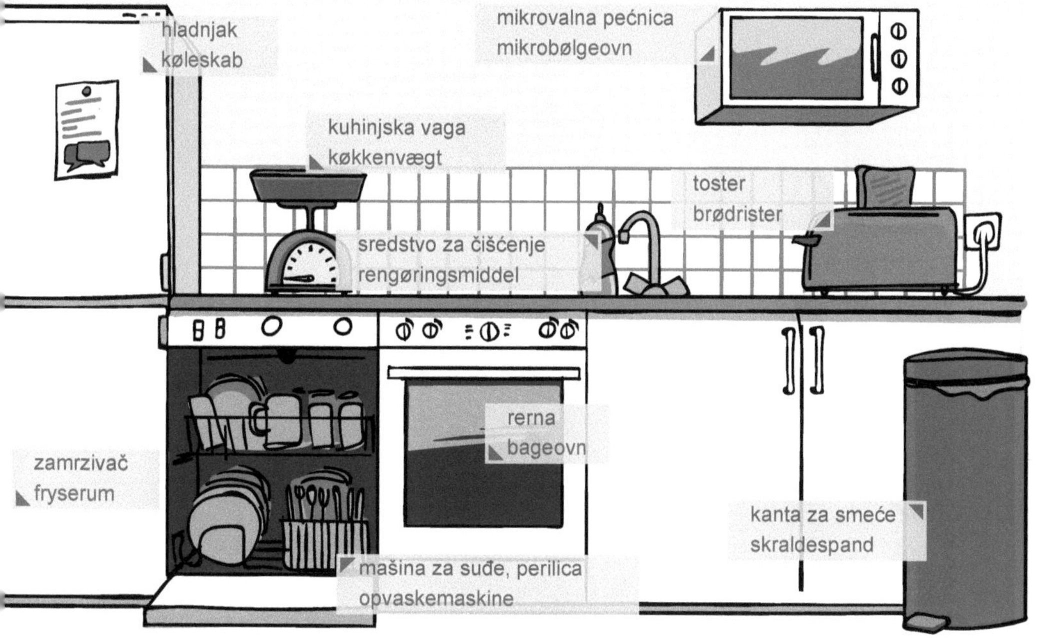

køkken

hladnjak
køleskab

mikrovalna pećnica
mikrobølgeovn

kuhinjska vaga
køkkenvægt

sredstvo za čišćenje
rengøringsmiddel

toster
brødrister

rerna
bageovn

zamrzivač
fryserum

kanta za smeće
skraldespand

mašina za suđe, perilica
opvaskemaskine

| peć | lonac | metalni lonac |
| komfur | gryde | jerngryde |

| vok / kadai | tava, tiganj | kuhalo |
| wok / kadai | pande | elkedel |

aparat za kuhanje na pari

dampkoger

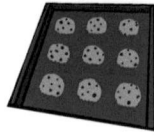

lim za pečenje

bageplade

posuđe

service

šalica

bæger

činija

skål

kineski štapići

spisepinde

kutlača

øseske

lopatica

paletkniv

metlica za snijeg bjelanjca

piskeris

sito za kuhanje

dørslag

sito

si

ribež

rive

avan s tučkom

morter

roštilj

grille

ložište

ildsted

daska

skærebræt

oklagija

kagerulle

vadičep

proptrækker

konzerva

dåse

otvarač za konzerve

dåseåbner

krpe za lonac

grydelap

sudoper

køkkenvask

četka

børste

spužva

svamp

mikser

blender

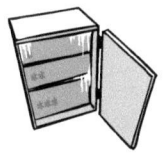

zamrzivač

dybfryser

flašica za bebu

sutteflaske

slavina

vandhane

badeværelse

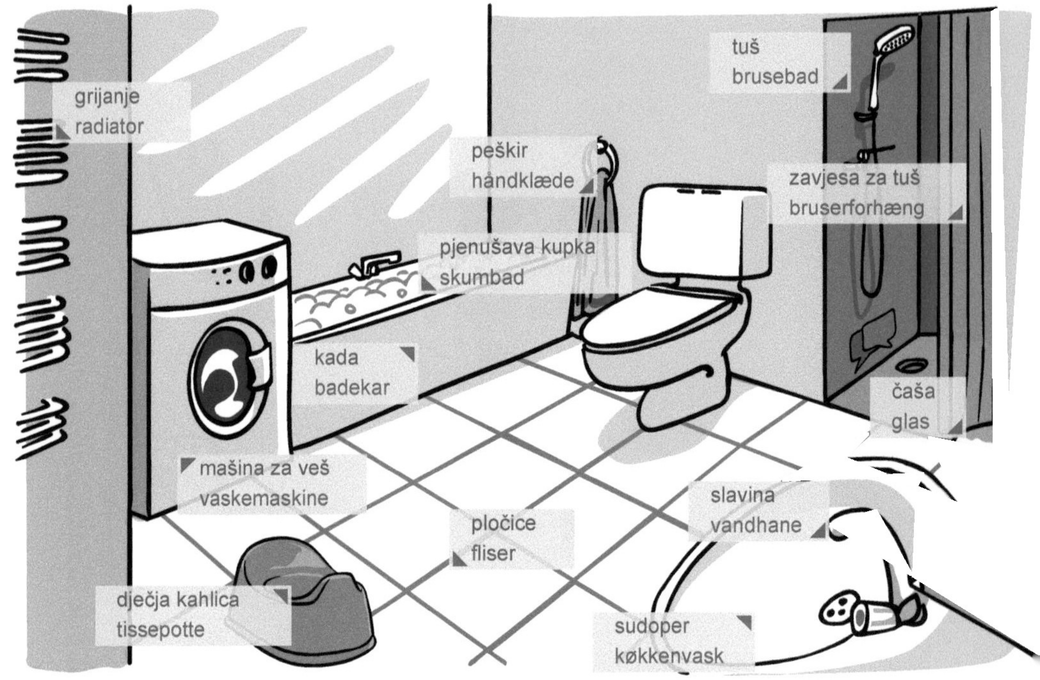

grijanje
radiator

tuš
brusebad

peškir
håndklæde

zavjesa za tuš
bruserforhæng

pjenušava kupka
skumbad

kada
badekar

čaša
glas

mašina za veš
vaskemaskine

slavina
vandhane

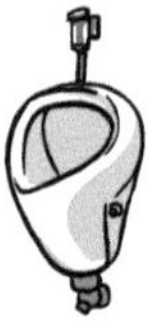

pločice
fliser

dječja kahlica
tissepotte

sudoper
køkkenvask

toalet	čučavac	bide
toilet	hugsiddende toilet	bidet
pisoar	toalet papir	četka za wc
pissoir	toiletpapir	toiletbørste

četkica za zube

tandbørste

pasta za zube

tandpasta

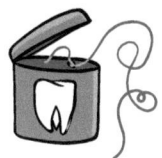

zubni konac

tandtråd

prati

vaske

tuš

håndbruser

intimni tuš

intimbruser

lavor

vaskefad

četka za leđa

badebørste

sapun

sæbe

gel za tuširanje

brusegele

šampon

shampoo

krpe za pranje

vaskeklud

odvod

afløb

krema

creme

dezodorans

deodorant

ogledalo

spejl

ogledalo za šminkanje

kosmetikspejl

brijač

barberhøvl

pjena za brijanje

barberskum

vodica poslije brijanja

barbervand

češalj

kam

četka

børste

fen

hårtørrer

sprej za kosu

hårspray

puder

makeup

karmin

læbestift

lak za nokte

neglelak

vata

vat

makazice za nokte

neglesaks

parfem

parfume

kozmetička torbica

toilettaske

hoklica

skammel

vaga

vægt

kupaći ogrtač

badekåbe

rukavice za čišćenje

gummihandsker

tampon

tampon

uložak za dame

damebind

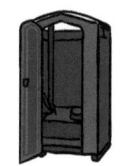

hemijski toalet

kemisk toilet

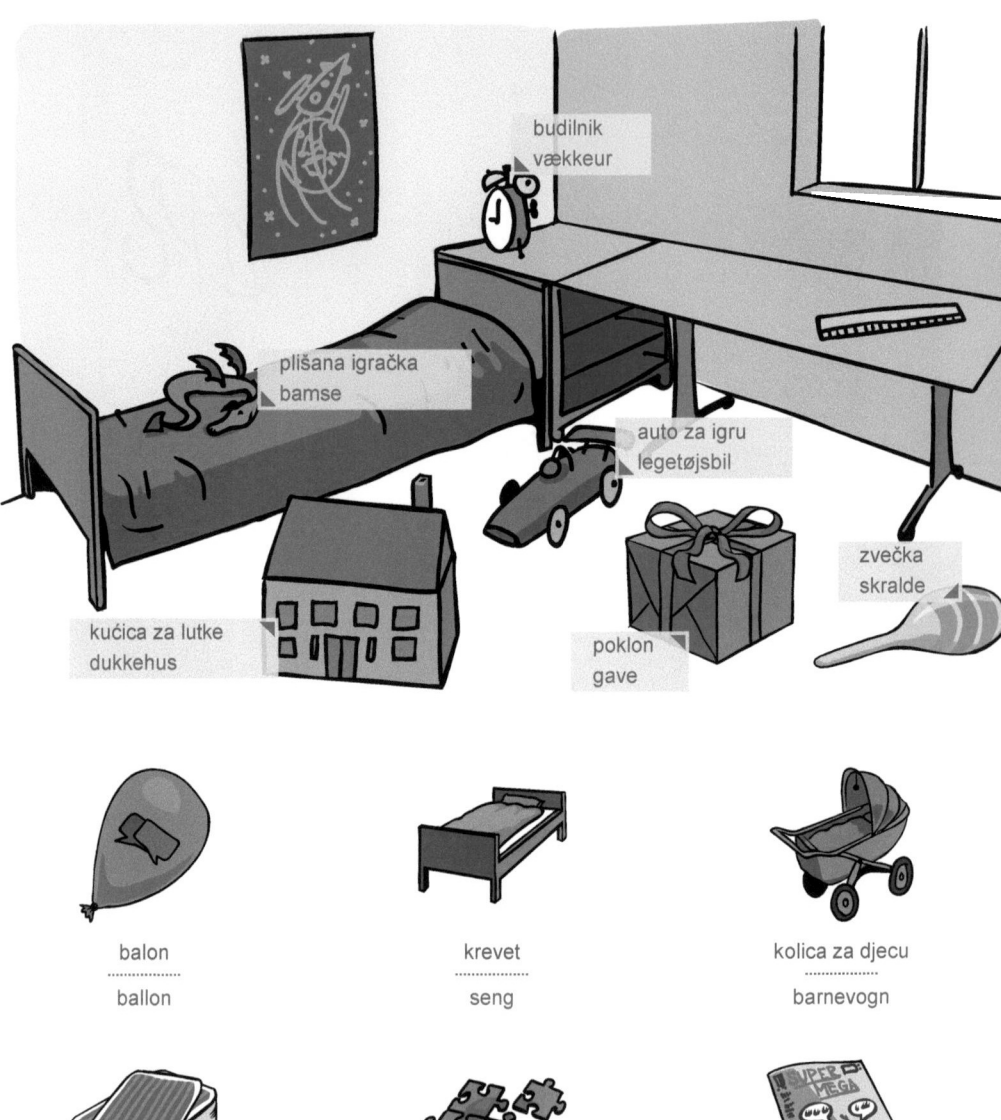

budilnik
vækkeur

plišana igračka
bamse

auto za igru
legetøjsbil

zvečka
skralde

kućica za lutke
dukkehus

poklon
gave

balon
ballon

krevet
seng

kolica za djecu
barnevogn

karte za igranje
kortspil

puzle
puslespil

strip
tegneserie

lego kockice

legoklodser

kockice za gradnju

byggeklodser

akcione figure

action figur

benkica

sparkedragt

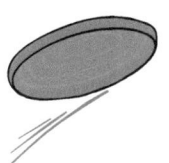

frizbi

frisbee

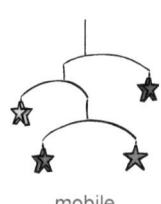

mobile

uro

igra na ploči

brætspil

kocka

terning

miniatura željeznice

modeljernbane

cucla

sut

zabava

fest

slikovnica

billedbog

lopta

bold

lutka

dukke

igrati

lege

pješćanik

sandkasse

ljuljačka

gynge

igračke

legetøj

konzola za igru

spillekonsol

triciklo

trehjulet cykel

medvjedić

bamse

ormar

klædeskab

kratke čarape

sokker

čarape

strømper

hulahopke

strømpebukser

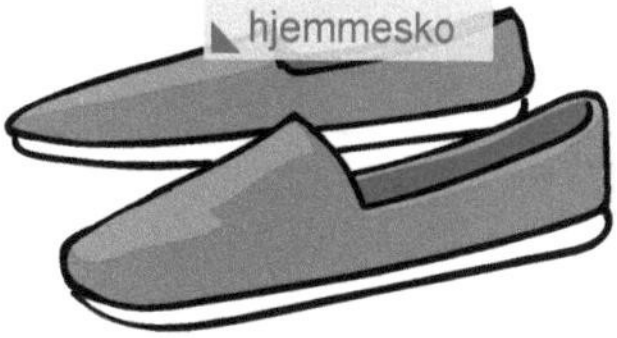

šal
sjal

kišobran
paraply

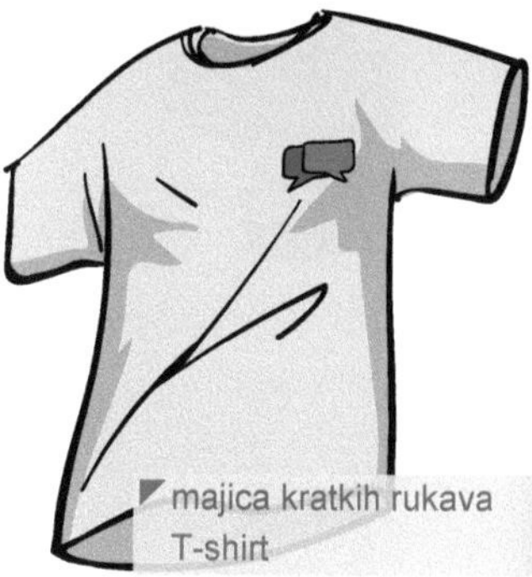

kaiš
bælte

majica kratkih rukava
T-shirt

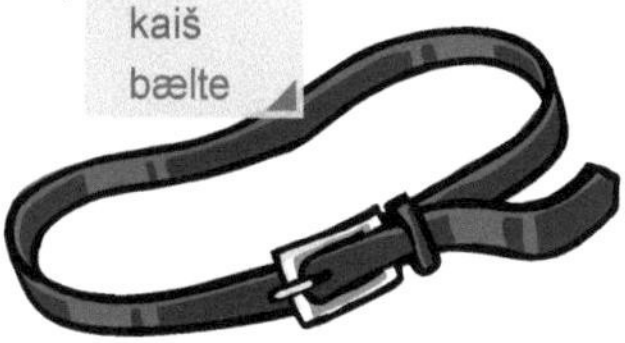

čizme
støvler

papuče
hjemmesko

patike
sneakers

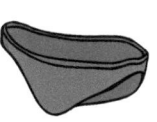

sandale
sandaler

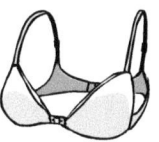

cipele
sko

gumene čizme
gummistøvler

gaće
underbukser

grudnjak
BH

potkošulja
undertrøje

bodi

body

hlače

bukser

farmerke

jeans

suknja

nederdel

bluza

bluse

košulja

skjorte

džemper

pullover

majica

sweatshirt

sako

blazer

jakna

jakke

mantil

frakke

kišni mantil

regnfrakke

kostim

kostume

haljina

kjole

vjenčanica

brudekjole

odijelo

jakkesæt

spavaćica

nattrøje

pidžama

pyjamas

sari

sari

marama

hovedtørklæde

turban

turban

burka

burka

kaftan

kaftan

abaja

abaya

kupaći kostim

badedragt

kupaće gaće

badebukser

kratke hlače

korte bukser

trenerka

træningsdragt

pregača

forklæde

rukavice

handsker

dugme

knap

naočare

briller

narukvica

armbånd

ogrlica

kæde

prsten

ring

naušnica

ørering

kapa

hue

vješalica

bøjle

šešir

hat

kravata

slips

patentni zatvarač

lynlås

kaciga

hjelm

tregeri za hlače

seler

školska uniforma

skoleuniform

uniforma

uniform

podbradak
hagesmæk

cucla
sut

pelene
ble

kontor

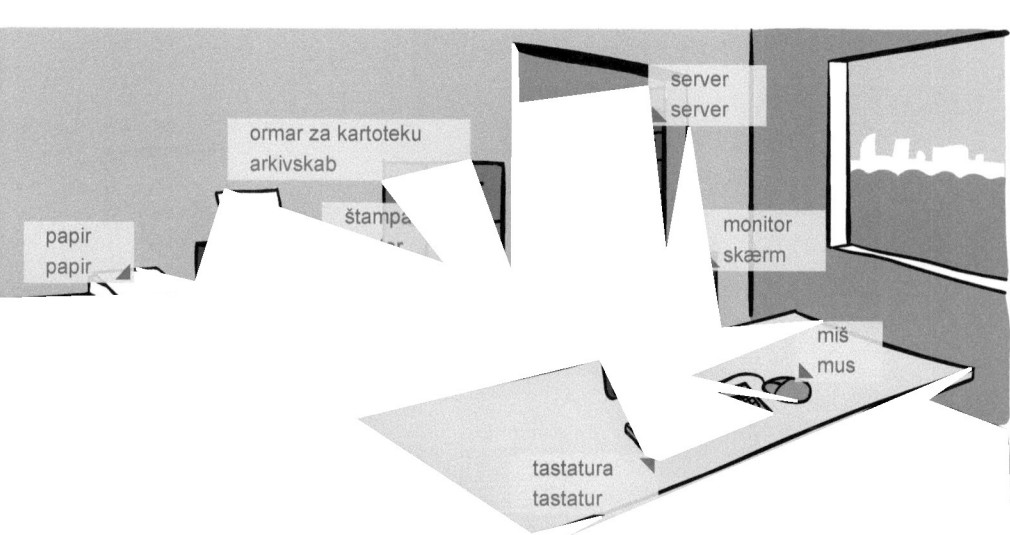

server
server

ormar za kartoteku
arkivskab

štamp...

papir
papir

monitor
skærm

miš
mus

tastatura
tastatur

šolja za kafu
kaffekrus

kalkulator
lommeregner

internet
internet

laptop

bærbar

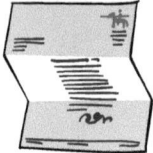

pismo

brev

poruka

besked

mobilni telefon

mobil

mreža

netværk

aparat za kopiranje

kopimaskine

softver

software

telefon

telefon

utičnica

stikdåse

faks

fax

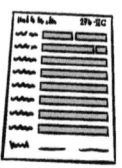

formular

formular

dokument

dokument

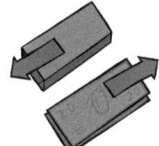

kupovati

købe

platiti

betale

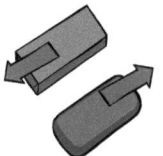

trgovati

handle

novac

penge

dolar

dollar

euro

euro

jen

yen

rublja

rubel

franak

schweizerfranc

renminbi jen

renminbi yuan

rupi

rupee

bankomat

hæveautomat

mjenjačnica

vekselkontor

zlato

guld

srebro

sølv

nafta

olie

energija

energi

cijena

pris

ugovor

kontrakt

porez

skat

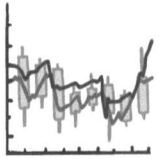

akcija

aktie

raditi

arbejde

službenik

ansat

poslodavac

arbejdsgiver

fabrika

fabrik

radnja

butik

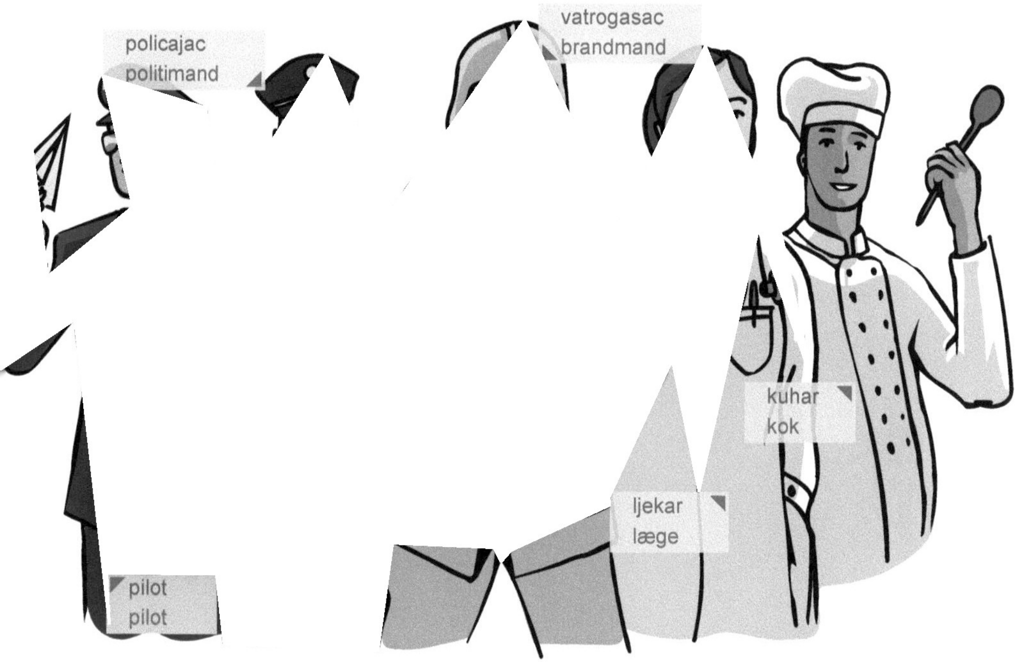

policajac
politimand

vatrogasac
brandmand

kuhar
kok

ljekar
læge

pilot
pilot

baštovan
gartner

stolar
tømrer

krojačica
syerske

sudija
dommer

hemičar
kemiker

glumac
skuespiller

vozač autobusa

buschauffør

vozač taksija

taxachauffør

ribar

fisker

čistačica

rengøringskone

krovopokrivač

tagdækker

konobar

tjener

lovac

jæger

moler

maler

pekar

bager

električar

elektriker

građevinski radnik

bygningsarbejder

inženjer

ingeniør

koljač

slagter

limar, vodoinstalater

vvs-mand

poštar

postbud

vojnik

soldat

arhitekta

arkitekt

blagajnik

kasserer

cvjećar

blomsterhandler

frizer

frisør

kontrolor

togfører

mehaničar

mekaniker

kapiten

kaptajn

zubar

tandlæge

naučnik

videnskabsmand

rabin

rabbiner

imam

imam

monah

munk

sveštenik

præst

værktøj

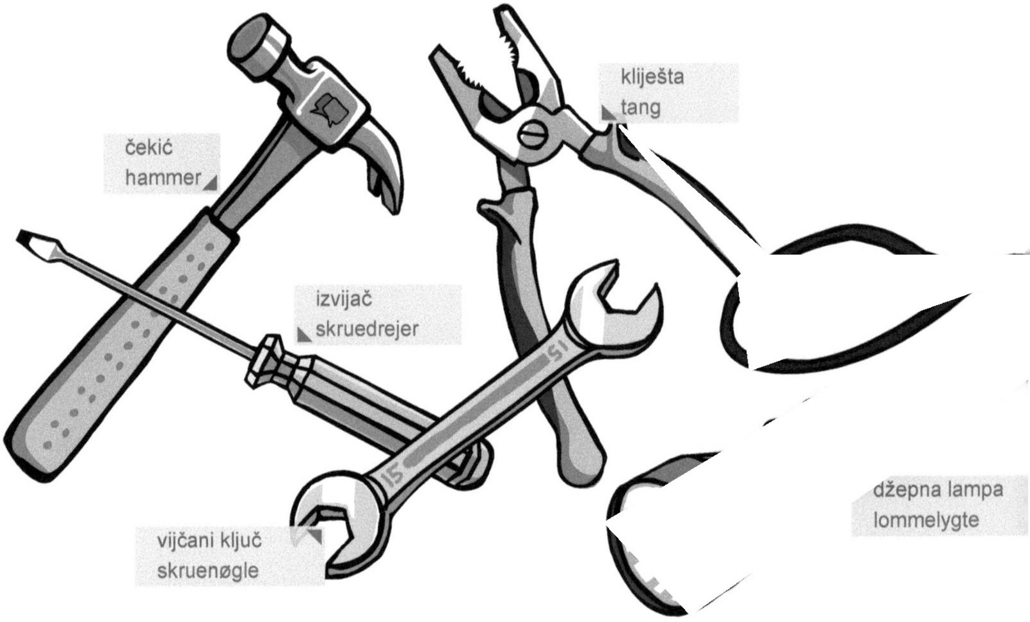
čekić
hammer
kliješta
tang
izvijač
skruedrejer
vijčani ključ
skruenøgle
džepna lampa
lommelygte

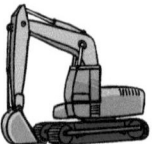

bager

gravemaskine

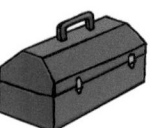

kutija sa alatom

værktøjskasse

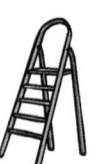

ljestve

stige

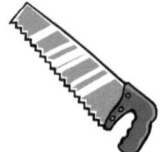

testera, pila

sav

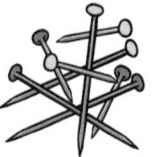

ekser

søm

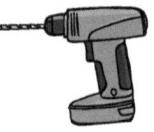

bušilica

bor

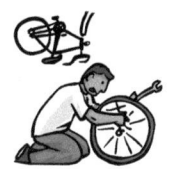

popraviti

reparere

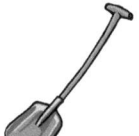

lopata

skovl

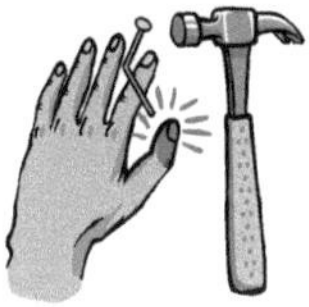

sranje!

Lort!

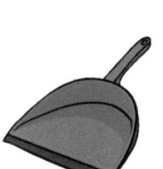

lopatica

fejebakke

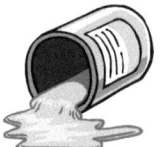

kanta boje

malerspand

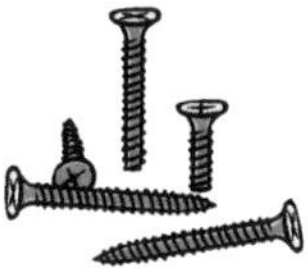

vijak

skruer

musikinstrumenter

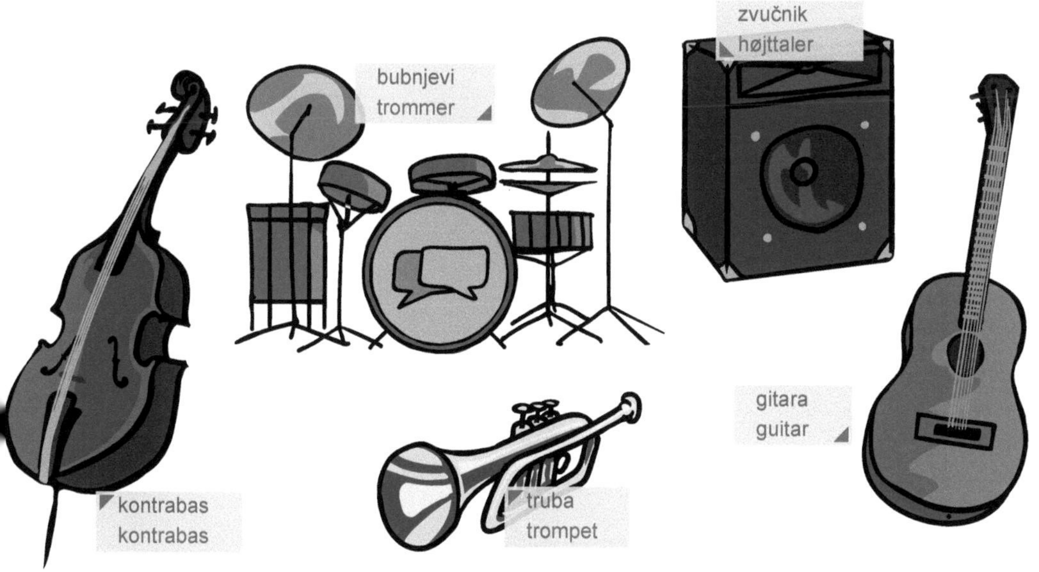
zvučnik
højttaler
bubnjevi
trommer
gitara
guitar
kontrabas
kontrabas
truba
trompet

klavir

klaver

violina

violin

bas

bas

bubanj timpani

pauke

bubanj

tromme

sintisajzer

keyboard

saksofon

saxofon

flauta

fløjte

mikrofon

mikrofon

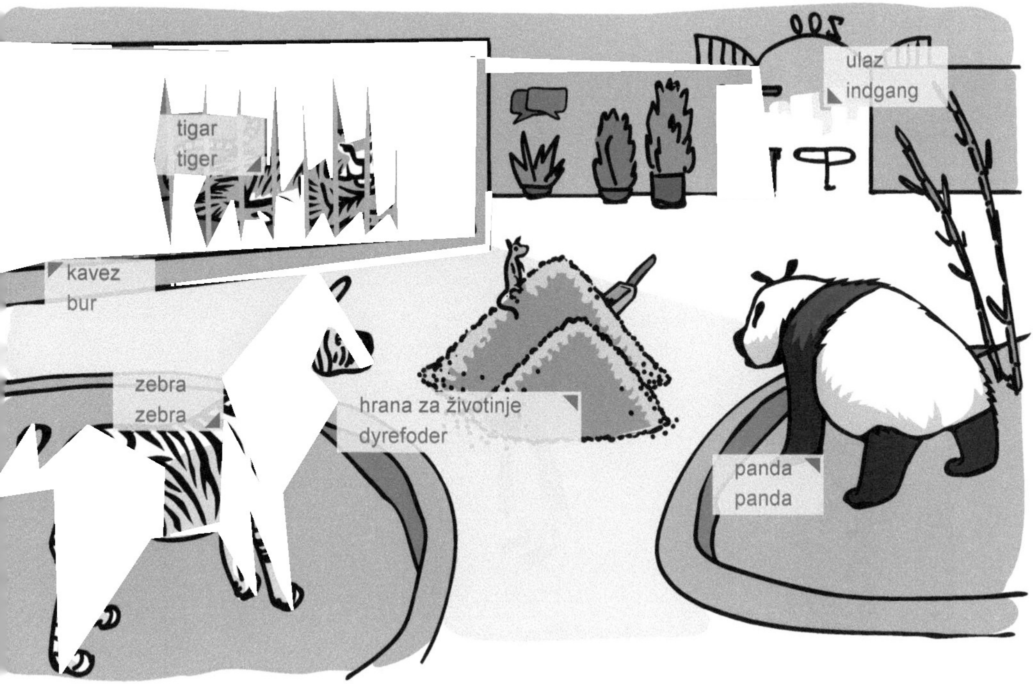

tigar
tiger

ulaz
indgang

kavez
bur

zebra
zebra

hrana za životinje
dyrefoder

panda
panda

životinje
....
dyr

slon
....
elefant

kengur
....
kænguru

nosorog
....
næsehorn

gorila
....
gorilla

medvjed
....
bjørn

kamila

kamel

noj

struds

lav

løve

majmun

abe

flamingo

flamingo

papagaj

papegøje

polarni medvjed

isbjørn

pingvin

pingvin

morski pas

haj

paun

påfugl

zmija

slange

krokodil

krokodille

čuvar u zološkom vrtu

dyrepasser

tuljan

sæl

jaguar

jaguar

poni
pony

leopard
leopard

nilski konj
flodhest

žirafa
giraf

orao
ørn

divlja svinja
vildsvin

riba
fisk

kornjača
skildpadde

morž
hvalros

lisica
ræv

gazela
gazelle

amerikanski fudbal
amerikansk football

vožnja bicikla
cykling

tenis
tennis

košarka
basketball

plivanje
svømning

boks
boksning

hokej na ledu
ishockey

fudbal
fodbold

bedminton
badminton

laka atletika
atletik

rukomet
håndbold

skijanje
skiløb

polo
polo

skakati
springe

smijati se
grine

zagrliti
give et knus

ići
gå

pjevati
synge

sanjati
drømme

moliti
bede

ljubiti
kysse

pisati
skrive

crtati
tegne

pokazati
vise

gurati
skubbe

dati
give

uzeti
tage

aktivnosti - aktiviteter

imati

have

raditi

gøre

biti

være

stajati

stå

trčati

løbe

vući

trække

baciti

kaste

pasti

falde

ležati

ligge

čekati

vente

nositi

bære

sjediti

sidde

obući

tage på

spavati

sove

probuditi

vågne

pogledati

se på

plakati

græde

milovati

ae

češljati

kæmme

govoriti

tale

razumjeti

forstå

pitati

spørge

slušati

høre

piti

drikke

jesti

spise

pospremiti

rydde op

voljeti

elske

kuhati

koge

voziti

køre

letjeti

flyve

jedriti

sejle

računati

regne

čitati

læse

učiti

lære

raditi

arbejde

vjenčavti

gifte sig med

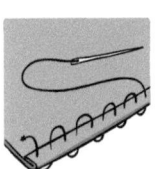

šiti

sy

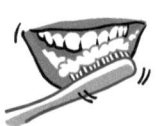

prati zube

børste tænder

ubiti

dræbe

pušiti

ryge

slati

sende

baka
bedstemor

djed
bedstefar

otac
far

majka
mor

beba
baby

kćerka
datter

sin
søn

gost
gæst

ujna, tetka, strina
tante

ujak, tetak, stric
onkel

brat
bror

sestra
søster

krop

čelo
pande
oko
øje
leđa
skulder
prst
finger
lice
ansigt
brada
hage
ruka, šaka
hånd
noga
ben
grudi
bryst
ruka
arm

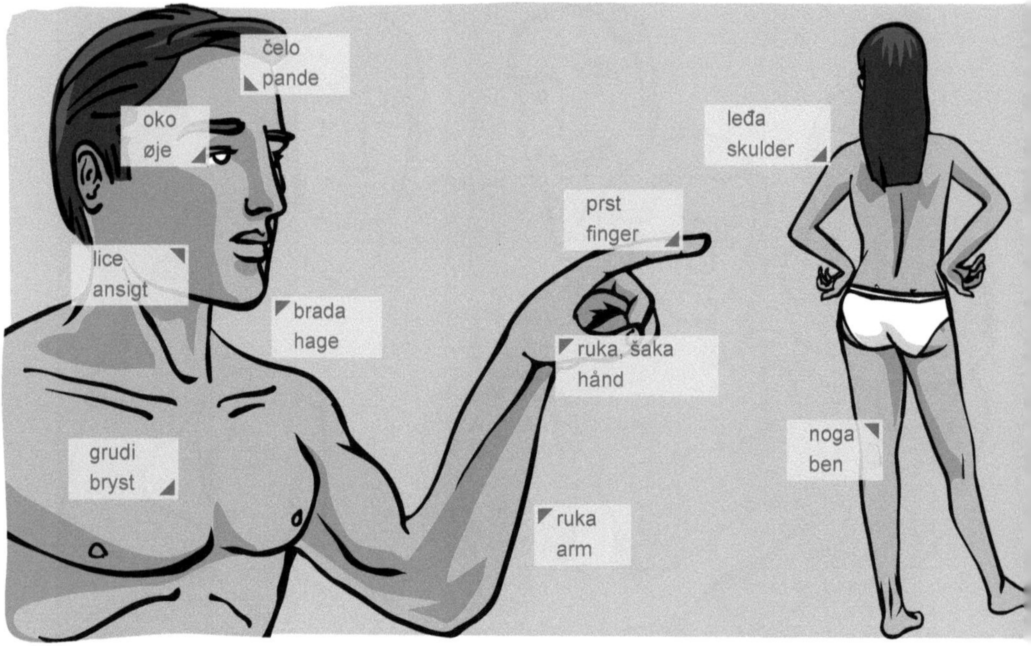

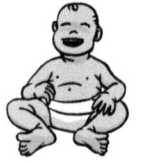

beba
baby

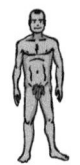

muškarac
mand

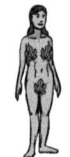

žena
kvinde

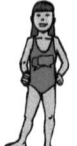

djevojčica
pige

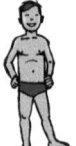

dječak
dreng

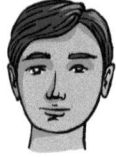

glava
hoved

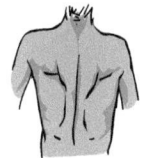

leđa
ryg

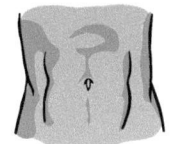

stomak
mave

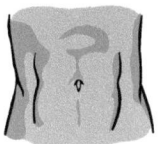

pupak
navle

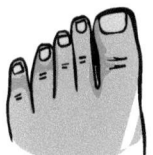

nožni prst
tå

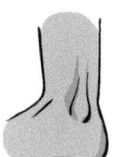

peta
hæl

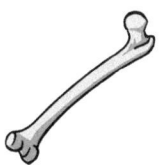

kosti
knogle

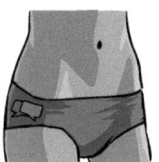

kuk
hofte

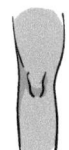

koljeno
knæ

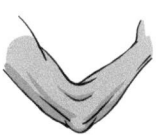

lakat
albue

nos
næse

stražnjica
bagdel

koža
hud

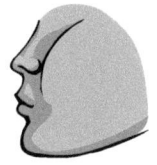

obraz
kind

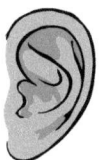

uho
øre

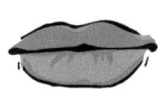

usna
læbe

usta

mund

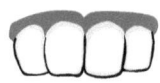

zub

tand

jezik

tunge

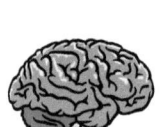

mozak

hjerne

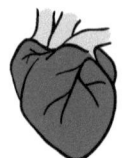

srce

hjerte

mišić

muskel

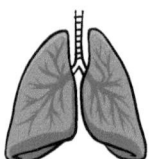

pluća

lunge

jetra

lever

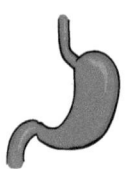

želudac

mavesæk

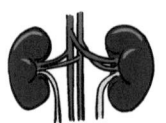

bubreg

nyrer

spolni odnos

sex

kondom

kondom

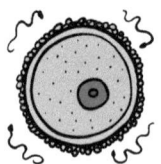

jajna ćelija

ægcelle

sperma

sperm

trudnoća

svangerskab

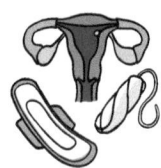

menstruacija

menstruation

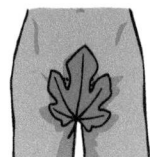

vagina

vagina

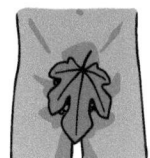

penis

penis

obrva

øjenbryn

kosa

hår

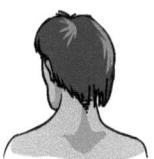

vrat

hals

bolnica
sygehus

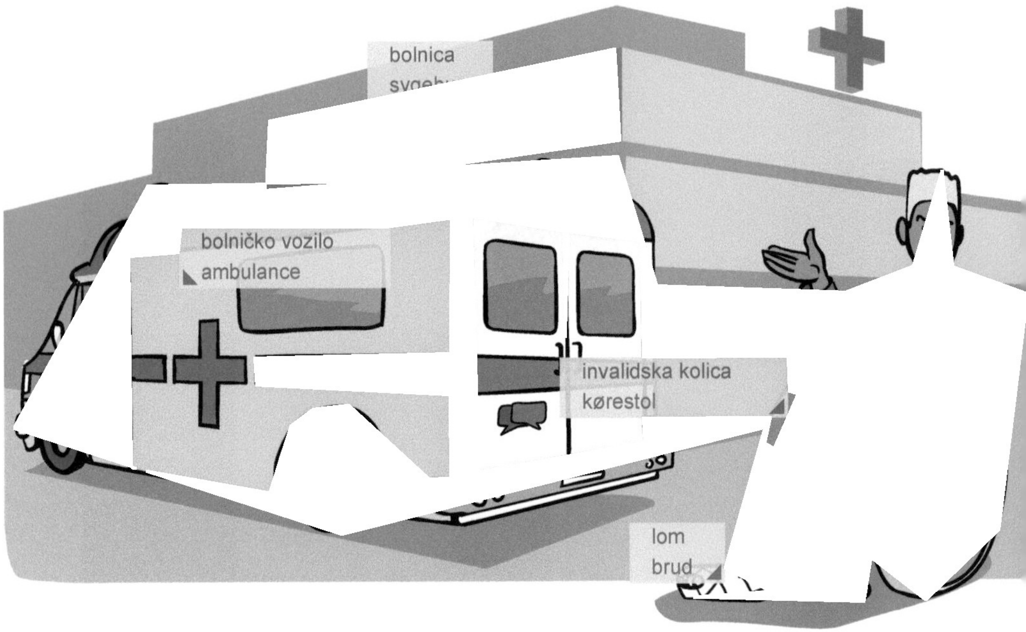

bolničko vozilo
ambulance

invalidska kolica
kørestol

lom
brud

ljekar

læge

hitna služba

akutmodtagelse

medicinska sestra

sygeplejerske

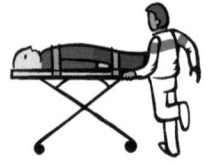

hitna pomoć

nødstilfælde

nesvjest

bevidstløs

bol

smerte

povreda

skade

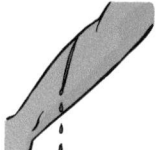

krvarenje

blødning

srčani udar, infarkt

hjerteinfarkt

moždani udar

slagtilfælde

alergija

allergi

kašalj

hoste

groznica

feber

gripa

influenza

proljev

diarré

glavobolja

hovedpine

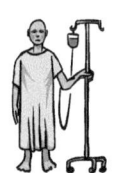

rak

kræft

dijabetes

diabetes

hirurg

kirurg

skalpel

skalpel

operacija

operation

CT
CT

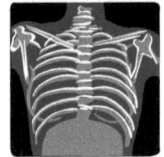

rendgen
røntgen

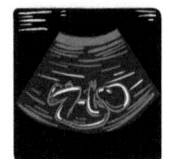

ultrazvuk
ultralyd

maska
maske

bolest
sygdom

čekaonica
venteværelse

štake
krykke

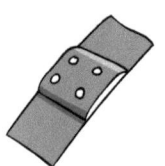

flaster
plaster

zavoj
forbinding

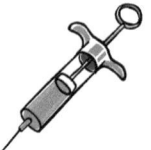

injekcija
injektion

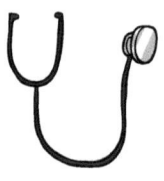

stetoskop
stetoskop

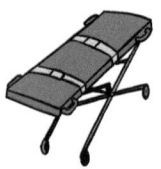

nosilo
båre

termometar
termometer

porod
fødsel

prekomjerna težina, debljina
overvægt

slušni aparat

høreapparat

sredstvo za dezinfekciju

desinficerende middel

infekcija

infektion

virus

virus

HIV/ AIDS

HIV / AIDS

medicina

medicin

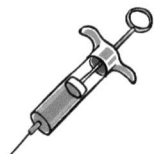

vakcinacija

vaccination

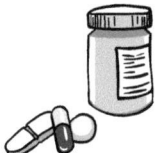

tablete

tabletter

pilula

pille

hitni poziv

nødopkald

aparat za mjerenje pritiska

blodtryksmåler

bolestan / zdrav

syg / rask

Upomoć!

Hjælp!

alarm

alarm

napad, prepad

overfald

napad

angreb

opasnost

fare

izlaz u slučaju opasnosti

nødudgang

Požar!

Det brænder!

vatrogasni aparat

ildslukker

nezgoda

uheld

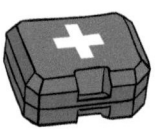

torba prve pomoći

førstehjælps-kuffert

SOS

SOS

policija

politi

Europa
....
Europa

Sjeverna Amerika
....
Nordamerika

Južna Amerika
....
Sydamerika

Afrika
....
Afrika

Azija
....
Asien

Australija
....
Australien

Atlantik
....
Atlanterhavet

Pacifik
....
Stillehavet

Indijski okean
....
Indiske Ocean

Antarktički okean
....
Sydlige Ishav

Arktički okean
....
Ishav

Sjeverni pol
....
Nordpol

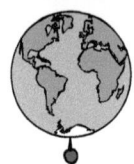

Južni pol

Sydpol

Antarktik

Antarktis

Zemlja

Jorden

zemlja

land

more

hav

ostrvo

ø

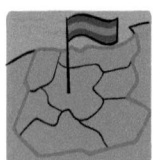

nacija

nation

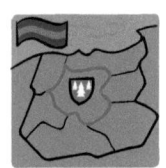

država

stat

brojčanik sata

urskive

kazaljka sata

timeviser

kazaljka minute

minutviser

kazaljka sekunde

sekundviser

Koliko je sati?

Hvad er klokken?

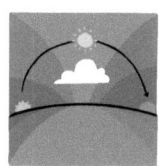

dan

dag

vrijeme

tid

sada

nu

digitalni sat

digitalur

minuta

minut

sat

time

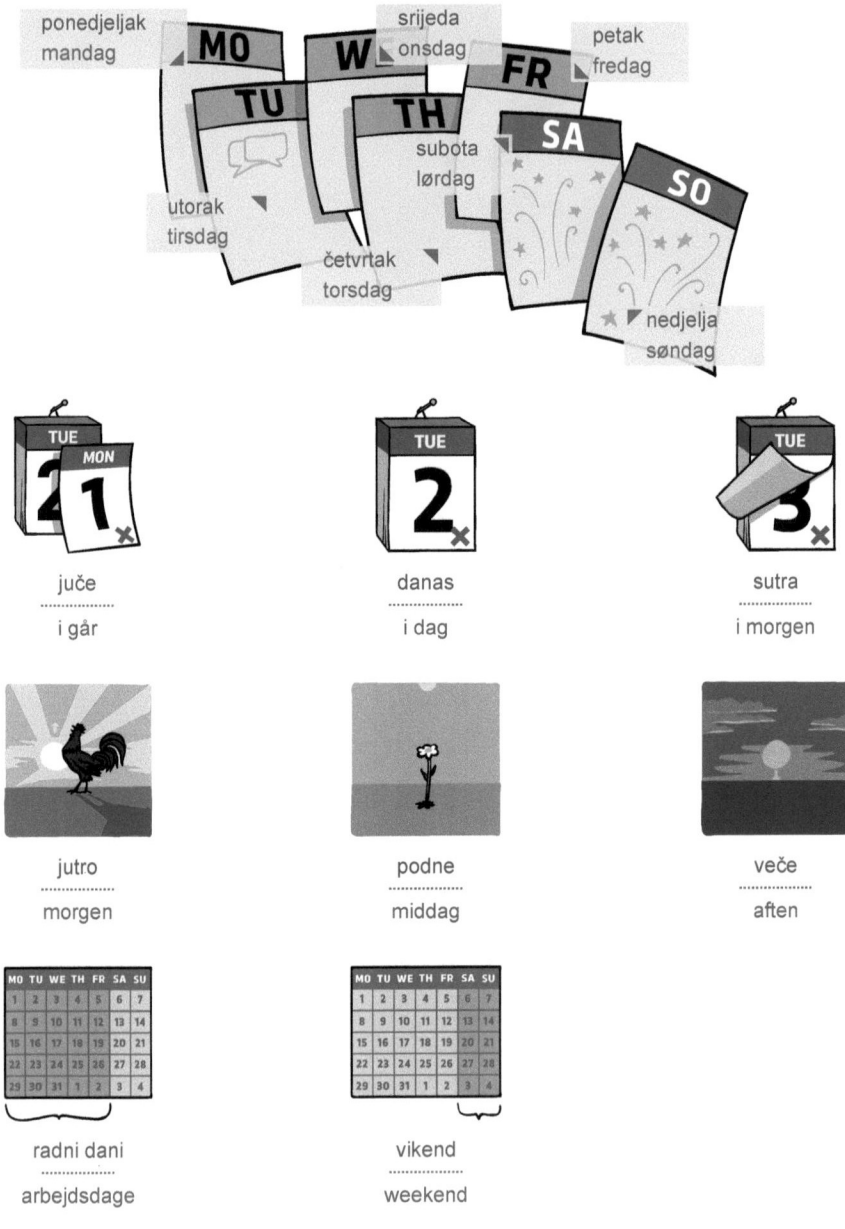

ponedjeljak
mandag

MO

srijeda
onsdag

W

petak
fredag

FR

TU

TH

subota
lørdag

SA

utorak
tirsdag

SO

četvrtak
torsdag

nedjelja
søndag

juče
....
i går

danas
....
i dag

sutra
....
i morgen

jutro
....
morgen

podne
....
middag

veče
....
aften

radni dani
....
arbejdsdage

vikend
....
weekend

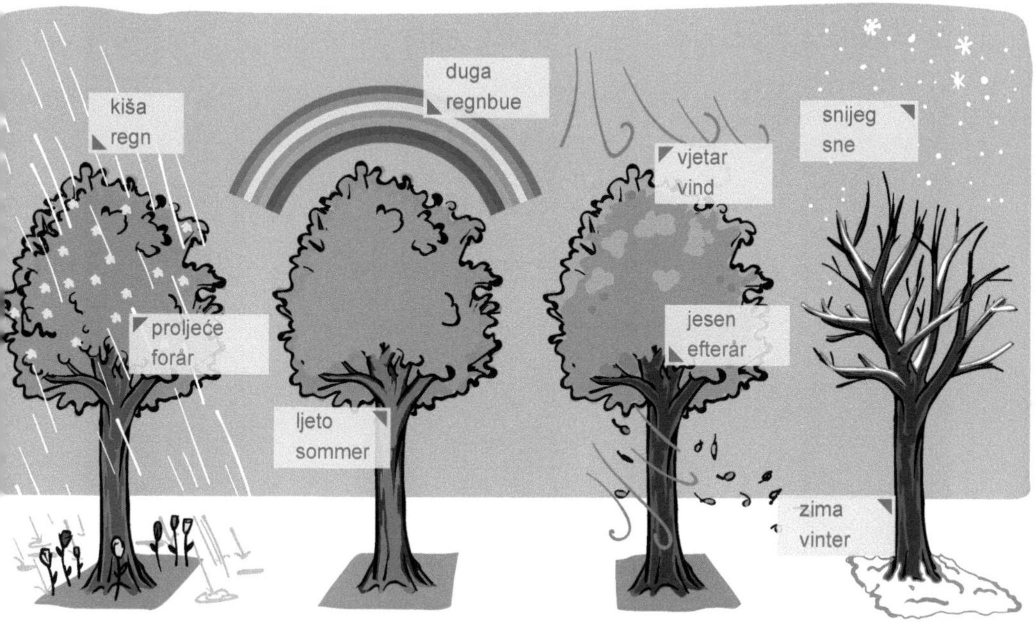

kiša
regn

duga
regnbue

snijeg
sne

vjetar
vind

proljeće
forår

jesen
efterår

ljeto
sommer

zima
vinter

4.APRIL	11°	☀
5.APRIL	4°	🌧
6.APRIL	13°	🌧
7.APRIL	8°	☀
8.APRIL	10°	☀

prognoza vremena
vejrudsigt

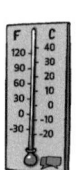

termometar
termometer

sunčev sjaj
solskin

oblak
sky

magla
tåge

vlažnost vazduha
luftfugtighed

munja

lyn

grom

torden

oluja

storm

tuča, led

hagl

monsun

monsun

poplava

flod

led

is

januar

januar

februar

februar

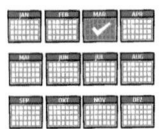

mart

marts

april

april

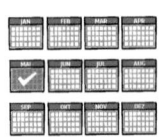

maj

maj

juni

juni

juli

juli

avgust

august

godina - år

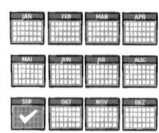

septembar
....
september

oktobar
....
oktober

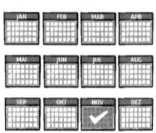

novembar
....
november

decembar
....
december

krug
....
cirkel

kvadrat
....
kvadrat

pravougao
....
firkant

trougao
....
trekant

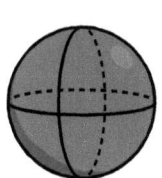

kugla
....
kugle

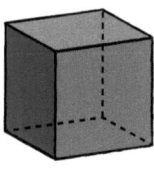

kocka
....
terning

bjel

hvid

žut

gul

narandžast

orange

pink

pink

crven

rød

ljubičast

lilla

plav

blå

zelen

grøn

smeđ

brun

siv

grå

crn

sort

malo / mnogo
meget / lidt

ljutit / miran
rasende / fredelig

lijep / ružan
smuk / grim

početak / kraj
begyndelse / slut

veliki / mali
stor / lille

svijetlo / tamno
lys / mørk

brat / sestra
bror / søster

čist / prljav
ren / snavset

potpun / nepotpun
fuldkommen / ufuldkommen

dan / noć
dag / nat

mrtav / živ
død / levende

široko / usko
bred / smal

ukusno / neukusno

spiselig / uspiselig

zao / prijatan

vred / venlig

uzbuđen / dosadan

ophidset / kedet

debeo / mršav

tyk / tynd

najprije / najkasnije

først / sidst

prijatelj / neprijatelj

ven / fjende

pun / prazan

fuld / tom

trvd / mekan

hård / blød

težak / lagan

tung / let

glad / žeđ

sult / tørst

bolestan / zdrav

syg / rask

ilegalan / legalan

illegal / legal

inteligentan / glup

intelligent / dum

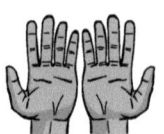

lijevo / desno

venstre / højre

blizu / daleko

nær / fjern

nov / polovan

ny / brugt

ništa / nešto

intet / noget

star / mlad

gammel / ung

uključeno / isključeno

tændt / slukket

otvoreno / zatvoreno

åben / lukket

tiho / glasno

stille / højt

bogat / siromašan

rig / fattig

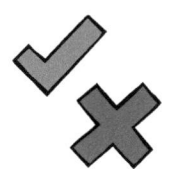

tačno / pogrešno

rigtig / forkert

hrapav / glatak

ru / glat

tužan / srećan

ked af det / lykkelig

kratak / dug

kort / lang

spor / brz

langsom / hurtig

mokro / suho

våd / tør

toplo / hladno

varm / kold

rat / mir

krig / fred

0	**1**	**2**
nula	jedan	dva
nul	en	to

3	**4**	**5**
tri	četiri	pet
tre	fire	fem

6	**7**	**8**
šest	sedam	osam
seks	syv	otte

9	**10**	**11**
devet	deset	jedanaest
ni	ti	elleve

12
dvanaest

tolv

13
trinaest

tretten

14
četrnaest

fjorten

15
petnaest

femten

16
šesnaest

seksten

17
sedamnaest

sytten

18
osamnaest

atten

19
devetnaest

nitten

20
dvadeset

tyve

100
sto

hundrede

1.000
hiljada

tusinde

1.000.000
milion

million

engleski

engelsk

američki engleski

amerikansk engelsk

kinesko mandarinski

kinesisk mandarin

hindi

hindi

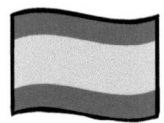

španski

spansk

francuski

fransk

arapski

arabisk

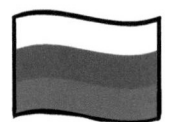

ruski

russisk

portugalski

portugisisk

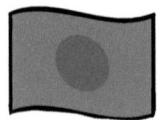

bengalski

bengalsk

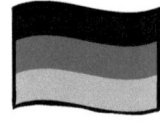

njemački

tysk

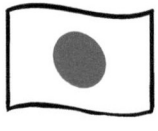

japanski

japansk

ja
jeg

ti
du

on / ona / ono
han / hun / den / det

mi
vi

vi
I

oni
de

ko?
hvem?

šta?
hvad?

kako?
hvordan?

gdje?
hvor?

kada?
hvornår?

ime
navn

ko / šta / gdje - hvem / hvad / hvordan

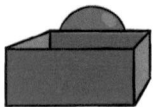

iza

bag

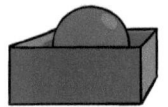

u

i

pred

foran

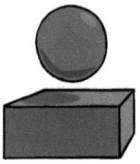

iznad

over

na

på

ispod

under

pored

ved siden af

između

imellem

mjesto

sted